Impulskontrolle bei Hunden

Wie Sie das Verhalten Ihres Hundes leicht verstehen und steuern – inkl. Clickertraining, Leinenführungstraining & Antijagdtraining

Annika Hindrichs

INHALT

Das erwartet Sie in diesem Buch

Haben Sie sich schon immer einen Hund gewünscht oder haben Sie sich bereits einen kleinen Welpen zugelegt? Denken Sie darüber nach, wie die Zeit mit Ihrem neuen Gefährten wohl sein wird? Ob er Ihren Befehlen Folge leistet oder ob er nicht zu bändigen ist? Dann haben Sie beim Kauf dieses Buches die richtige Entscheidung getroffen.

Viele Menschen haben das Bedürfnis nach einem Kameraden, welcher ihnen zu jeder Tages- und Nachtzeit, in guten wie in schlechten Zeiten zur Seite steht. Einige machen sich oft nicht die Gedanken, die man sich machen sollte, bevor man einen Hund aufnimmt. Sie haben die Vorstellung, dass der Hund, den sie bekommen, ein Idealexemplar ist. Er ist von Anfang an folgsam, freundlich, sozialisiert und beim Spazierengehen findet er schnell Spielgefährten, mit denen er sich auf Anhieb versteht. Leider sieht die Realität oft genau andersherum aus. Ein Hund hat genau dieselben Bedürfnisse wie der Mensch selbst: Liebe und Zuneigung. Um diese zu bekommen, sollte der Hund jedoch auch auf seinen neuen Besitzer hören und diesen verstehen. Das Stichwort lautet „Impulskontrolle beim Hund". Darum soll es in diesem Buch gehen.

Nachfolgend erfahren Sie alles über die sogenannte Kontrolle des Impulses beim Hund. Woher kommt dieses Wort und was bedeutet es? Wie können Sie Ihrem Vierbeiner dabei helfen, diesen Impulsen gerecht zu werden, und wann lernt welcher Hund schnell und wann welcher Hund langsamer? All diese Fragen werden Ihnen hier beantwortet. Auch Übungen werden hier aufgeführt, sodass Sie sich ein Bild über die

Vorgehensweise machen können und wie es Ihnen leichter fällt, Ihrem Hund die nötige Hilfe zu geben.

Anschaffung eines Hundes. Das sollte beachtet werden.

Der Entschluss, sich einen Hund zu holen, muss gut überlegt sein. Dabei muss Einiges beachtet werden. Es gibt leider viel zu oft Menschen, welche sich einen Weggefährten holen und zuvor nicht überlegt haben, was denn alles auf ihn und seine Familie zukommt und was berücksichtigt werden muss. Es ist ein Leichtes, sich einen Hund nach Hause zu holen. Man nimmt Kontakt zum Hundebesitzer, Tierheim oder Züchter auf, stellt sich vor und nach einiger Zeit kann man den Hund mitnehmen. Dabei vergessen die zukünftigen Hundebesitzer die Tragweite, welche ein Tier mit sich bringt. Nicht nur, dass man eine Verantwortung für ein Lebewesen für lange Zeit trägt, nein, auch muss man sich im Klaren sein, dass noch einige andere Anforderungen berücksichtigt werden müssen. Nachfolgend erfahren Sie, welche damit gemeint sind und was dabei zu beachten ist.

GESETZLICHE ANFORDERUNGEN

Um einen Hund halten zu dürfen, müssen einige gesetzliche Anforderungen eingehalten werden. Hier gibt es neben dem Tierschutzgesetz auch das Bürgerliche Gesetzbuch. Aus diesem lassen sich etliche Informationen entnehmen. Eine Hundesteuer ist für jeden Hund und im ganzen Land zu entrichten. Neben dieser kann es sein, dass ein Hundeführerschein oder ein Sachkundenachweis erbracht werden muss. Mit diesem soll überprüft werden, ob der Halter mit dem Tier zurechtkommt und den Anforderungen gewachsen ist. Dabei kommt es sehr auf die Zugehörigkeit einer Rasse an. Bei Listenhunden beispielsweise ist ein Wesenstest und eine Gehorsamsprüfung oft vonnöten. Neben diesen Bedingungen muss hier auch eine Haftpflichtversicherung abgeschlossen werden. In manchen Teilen Deutschlands besteht zu einer bestimmten Zeit an bestimmten Orten auch eine Leinen- oder Maulkorbpflicht. Wer sich über die gesetzlichen Anforderungen nicht im Klaren ist, sollte sich vorweg bei seiner Gemeinde oder dem zuständigen Amt informieren.

ZEITLICHE ANFORDERUNGEN

Einen Hund zu besitzen, ist für viele Menschen etwas ganz Besonderes. Der Vierbeiner kommt an, man hat sich vielleicht zur Eingewöhnung Urlaub genommen und verbringt Zeit mit ihm. Beginnt jedoch der Alltag, haben viele Hundehalter nicht mehr die Zeit, sich um den Hund zu kümmern. Normalerweise steht man morgens auf, macht sich zurecht, frühstückt und fährt in die Arbeit – ohne Hund ganz einfach. Die Situation hat sich nun grundlegend geändert. Der Vierbeiner möchte raus, um seine natürlichen Bedürfnisse verrichten zu können. Dabei reicht es nicht, diesen kurz in den Garten zu lassen oder eine Runde um den Block zu gehen. Beachten Sie, dass Ihr Vierbeiner Bewegung und Beschäftigung braucht. Auch sollten Sie nicht vergessen, dass dieser nicht länger als sechs Stunden allein zu Hause sein sollte.

Machen Sie sich schon einen Plan, wie Ihr Alltag in Zukunft aussehen soll, um den Bedürfnissen Ihres Hundes gerecht zu werden. Wenn Sie mehrere Personen im Haushalt sind, verteilen Sie die Aufgaben. Morgens gehen Sie mit dem Hund, mittags ein anderes Familienmitglied und abends vielleicht die ganze Familie zusammen. So wird die Bindung zum Vierbeiner gestärkt. Beschäftigen Sie sich mit Ihrem Tier zu jeder Zeit. Auch wenn es schwierig klingt, ein überlegtes Zeitmanagement macht das Leben mit Ihrem neuen Weggefährten einfacher.

RÄUMLICHE ANFORDERUNGEN

Seien Sie sich bewusst, dass ein Hund auch seinen Freiraum braucht. Es ist sehr wichtig, sich zu überlegen, ob Ihr zukünftiger Weggefährte den nötigen Platz hat. Ein Tier in einer kleinen Wohnung in einem Wohnhaus mit vielen Parteien ist nicht gerade der perfekte Ort, um einen Hund zu halten. Natürlich kommt es auch immer auf die Größe des Hundes an. Beispielsweise kann man einen kleinen Hund in einer solchen Wohnanlage schon halten, jedoch sollte man bedenken, dass der Hund auch da beschäftigt werden muss. Seien Sie sich im Klaren, dass das Tier nach draußen will, um zu spielen und seine Notdurft zu verrichten. Und auch in Ihrem Heim selbst braucht Ihr Vierbeiner Raum, um sich zurückzuziehen.

Besitzen Sie ein Haus mit Garten oder wohnen Sie in einer eher ländlichen Gegend, ist es kein Problem, ein größeres Exemplar zu besitzen. Hier kann sich der Hund frei entfalten, ob im eigenen Garten oder auf den Wiesen in der näheren Umgebung. Auch im Haus selbst müssen Sie überlegen, wo Ihr Vierbeiner in Zukunft seinen Platz bekommt.

Schläft er bei Ihnen im Zimmer oder in einem separaten Raum? Geben Sie ihm einen Ort, an dem er sich wohlfühlt und sich zurückziehen kann, wenn er es will. Natürlich ist das Zusammenleben mit der ganzen Familie das Beste. Er soll ein Mitglied dieser sein. Aber auch der Hund braucht mal seine eigene Zeit, um abzuschalten oder zu rasten. Überlegen Sie sich, ob der Platz für Ihr neues Familienmitglied wirklich vorhanden ist, bevor dieses bei Ihnen einzieht. Nur so können Sie sich sicher sein, dass es Ihrem Vierbeiner dann gutgeht bei Ihnen.

MENSCHLICHE ANFORDERUNGEN

Ein wichtiger Punkt bei der Anschaffung eines Tieres ist der Mensch selbst. Überlegen Sie sich, ob ein Hund zu Ihnen passt. Und wenn Sie sich darüber im Klaren sind, denken Sie darüber nach, welcher für Sie infrage kommt. Dabei sollte man zuallererst auf die Wahl der Rasse achten. Ein großer Fehler ist jedoch, wenn Sie das Tier nur nach dem Aussehen aussuchen. Es gibt sehr viele Möglichkeiten, über die man sich informieren kann, wie ein Hund tickt, welche Charaktereigenschaften er besitzt, ob er anfällig für Krankheiten ist und vieles mehr. Im Internet sind viele Fallbeispiele und Informationen zu finden und auch Sachbücher geben Ihnen die notwendigen Kenntnisse. Wenn Sie eine Vorstellung haben, wie Ihr Hund sein soll, beispielsweise kinderlieb, verspielt und wachsam, dann suchen Sie nach einem Tier, das in seiner Beschreibung dem gleich kommt.

Besprechen Sie die Auswahl eines Hundes mit Ihrer ganzen Familie. Es empfiehlt sich, dass eine Einigkeit in Ihrer Familie besteht. Nur so ist ein harmonisches Zusammenleben mit dem Vierbeiner gegeben. Haben Sie sich nun entschieden, überlegen Sie, von wem Sie Ihren Hund haben möchten. Kommt für Sie nur Rassezucht infrage oder wollen Sie Ihren Begleiter aus einer Schutzorganisation holen? Auch von privat ist dies oft möglich, wobei man hier besonders achtgeben muss.

Es kommt leider immer wieder vor, dass Hunde aus einem Privathaushalt nicht sehr gut aufwachsen. In der Vergangenheit haben der Tierschutz sowie die Polizei einige Tierbesitzer aufgedeckt, da die Tiere unter miserablen Bedingungen aufgewachsen sind und dort leben mussten. Daher ist die Übernahme eines Hundes über einen Züchter oder das Tierheim empfehlenswert. Hier wird man bei vorherigen Gesprächen über den Hund aufgeklärt, man erfährt, wie er sich verhält, und kann sogar den Hund vorab kennenlernen. Dies ist wichtig, denn nur so weiß man vorher schon, ob das Tier zu einem passt.

Den Hund

verstehen

Ist Ihr Vierbeiner nun bei Ihnen eingezogen, ist die Aufregung bei allen Beteiligten noch sehr groß. Man lacht und freut sich, dass der Hund spielt und scherzt. Sie denken, es läuft alles ganz prima, und Sie sind dann umso mehr erstaunt, wenn nicht alles so klappt, wie es sich in Ihrer Vorstellung abgespielt hat. Die ersten Probleme beginnen. Ihr Hund kaut auf jedem Gegenstand, er macht sein Geschäft in der Wohnung oder im Haus, bellt ständig, beim Gassigehen reagiert er eher aggressiv oder zieht vehement an der

Leine. Das sind alles Zeichen dafür, dass Ihr Vierbeiner noch viel lernen muss. Leider liegt aber auch einiges im Verborgenen, was dazu führen kann, dass Ihr Liebling so reagiert. Ursachen hierfür können sein: Krankheit, Stoffwechsel, eingeschränkte Sinneskraft, Verhaltensstörung als Zuchtresultat, Traumata im Welpenalter oder wenn der Hund nicht zum Halter passt. Damit Sie sich eine Vorstellung über die einzelnen Ursachen machen können, werden nachfolgend diese im Einzelnen nochmals aufgeführt.

KRANKHEIT

Auf den ersten Blick sind einige Krankheiten nicht zu erkennen, da sie sich im Inneren des Tierkörpers abspielen. Diese sind oft hormoneller Natur und daher nur mit geschultem Auge zu erkennen. Häufig leiden Hunde unter einer Schilddrüsenüberfunktion. Diese versorgt das Tier mit einem Überfluss an Energie. Sie werden erkennen, dass Ihr Vierbeiner schnell aggressiv wird, an Gewicht verliert, sein Fell stumpf wird und er ständig nach Futter und Wasser lechzt. So versucht er, seine Energie immer auf einem hohen Level zu halten. Glücklicherweise ist diese Krankheit behandelbar. Durch Gabe bestimmter Medikamente bekommt man diese meist in den Griff. Ein operativer Eingriff wird bei einem Tumor, welcher die Schilddrüsenfunktion beeinträchtigt, oft durchgeführt.

STOFFWECHSEL

Schon während der Embryo im Leib seiner Mutter heranwächst, wird dessen Stoffwechsel angepasst. Er bekommt genauso wie die trächtige Hundedame jede Veränderung sowie Unstimmigkeiten mit. Hat das Muttertier Angst, Stress, Schmerz oder bekommt es nicht das richtige Futter, leidet auch der Embryo, und dies spiegelt sich dann im Verlauf seines Lebens wider. Eine gute und liebevolle Versorgung des Muttertiers ist daher unabdingbar. Nur so ist die Chance größer, gesunde und lebhafte Welpen zu bekommen.

EINGESCHRÄNKTE SINNESKRAFT

Vor allem bei älteren Hunden kommt es vor, dass sie ihre Impulse nicht mehr kontrollieren können. Im Alter lassen ihre Sinneskräfte langsam nach, beispielsweise können sie nicht mehr richtig hören oder sehen und entwickeln somit Ängste und Aggressionen. Sie fangen an, den Befehlen ihres Herrchens nicht mehr zu folgen und ziehen sich eher zurück.

VERHALTENSSTÖRUNG ALS ZUCHT-RESULTAT

Werden bei der Zucht die Muttertiere zu oft und nicht mit der nötigen Pause gedeckt, kommt es häufig zur Überzüchtung. Hier kann es vorkommen, dass der Hund an einer Erbkrankheit leidet. Für den Züchter sind immer die Wesensmerkmale des Hundes von großer Bedeutung, damit er dem Wunsch des Kunden nachkommen kann. Dies bedeutet, dass verschiedene Merkmale zusammengesetzt werden und somit ein sogenannter Bausatzhund entsteht. Fehlen aber verschiedene Aspekte, kann es schnell zu neurologischen Fehlschaltungen kommen, welche der Züchter nicht vorhersehen kann.

TRAUMATA IM WELPENALTER

Bei einem Hund, welcher im Welpenalter schlimme Erfahrungen machen musste, sei es eine schlechte Haltung, Schläge des Halters oder er eingesperrt wurde, während seiner Sozialisierungs- und Prägephase, ist

die Tendenz zum erhöhten Aggressionspotenzial größer als bei Tieren, die schon in jungen Jahren gefordert
und gefördert wurden, ein schönes Zuhause hatten
und sich der Besitzer liebevoll um sie gekümmert hat.
Eine Schädigung der Hirntätigkeit kann auftreten und
das spätere Verhalten des Hundes stark beeinflussen.
Je schrecklicher die Ereignisse, welche der Hund erleben musste, desto schlimmer auch der gesundheitliche
Schaden. Das Lernen wird insgesamt erschwert, da im
Gehirn Verknüpfungen gekappt werden.

DER HUND PASST NICHT
ZUM HALTER

Es sollte gut überlegt sein, welchen Hund man sich
nach Hause holt. Wichtig ist, dass man vor dem Kauf
eines Tieres seine Rassemerkmale berücksichtigt. Be-
ratungsgespräche helfen bei einer Entscheidung und
geben dem Halter das nötige Wissen, um für sich den
richtigen Vierbeiner zu finden und dem Hund ein schönes Leben zu bieten. Ein Hund kann bei „Nicht-Gefal-
len" nicht einfach wieder zurückgegeben werden. Dies
hinterlässt bei dem Tier mit Sicherheit bleibende Schä-
den. Und dies möchte niemand.

Sie sehen also, es gibt viele verschiedene Aspekte,

die man beim ersten Blick nicht sofort sieht. Es ist schwierig, einen Hund zu trainieren und ihm die Fähigkeit zur Impulskontrolle beizubringen, wenn man die Hintergründe für sein Verhalten nicht weiß. Daher ist es wichtig, Informationen über das Tier beim Vorbesitzer einzuholen und das Lernen für den Hund so anzupassen, dass er auch damit umgehen kann. Schaffen Sie es nicht allein, holen Sie sich Hilfe. Hundeschulen können Ihnen hierbei helfen, damit das zukünftige Zusammenleben mit Ihrem neuen Wegbegleiter klappt. Auch Hundepsychologen sind in solchen Fällen eine gute Wahl. Dieser hat gelernt, Hunde zu verstehen, und weiß, wie man in bestimmten Situationen reagiert.

Impulskontrollfähigkeit

DIE BEDEUTUNG DER
IMPULSKONTROLLE BEIM HUND

Ein Hund, welcher nicht hören will, nervös wird bei der kleinsten Bewegung und daher seinen Impulsen nachgibt, kann nicht nur für sich selbst gefährlich werden, sondern auch sein Umfeld kann beeinträchtigt werden. Will der Mensch mit dem Hund ein normales Leben führen, ist es sehr wichtig, dass der Hund über die Fähigkeit, seine Impulse zu kontrollieren, verfügt.

Stellen Sie sich vor, Ihr Hund spielt gerade und Sie rufen ihn. Hier kann er nun die Entscheidung treffen: Spielt er weiter oder kommt er auf Befehl zu Ihnen? Hat der Hund die Fähigkeit zur Impulskontrolle, fällt es ihm leicht, seine Handlungen und Emotionen zu kontrollieren.

Ein Beispiel hierfür kann sein, dass Sie ihm den Fressnapf hinstellen, ihn „sitz" und „bleib" schicken und Ihr Hund erst nach Ihrem Befehl zum Beispiel „geh" das Fressen beginnt. Hier hat er nicht dem Impuls nachgegeben, sich sofort auf sein Fressen zu stürzen, sondern gewartet, bis Sie ihm erlaubt haben, aufzustehen und sich zu seinem Fressnapf zu begeben. Natürlich muss Ihr Vierbeiner dies alles erst erlernen.

DIE BEEINFLUSSUNG DER IMPULSKONTROLLE BEIM HUND

Es gibt viele verschiedene Faktoren beim Hund, welche die Fähigkeit zur Impulskontrolle beeinflussen. Zeigt sich ein Vierbeiner eher in bestimmten Situationen zurückhaltend, gehorsam und geduldig, wird bei einem anderen Vierbeiner ein anderes Verhalten zu sehen sein. Vielleicht hat er größere Probleme, sich zu konzentrieren, wird nervös und kann so nicht das gewünschte Verhalten zeigen.

Zu den Faktoren, welche die Impulskontrolle beeinflussen, zählen insbesondere der Körperbau, das Alter, die Rasse oder Stress. Größere und kräftigere Hunde lassen sich nicht so leicht aus der Ruhe bringen und bleiben konzentriert, wohingegen kleinere und zierlichere Tiere schneller nervös werden und daher impulsiver reagieren.

Auch das Alter spielt eine beträchtliche Rolle, denn das Gehirn ist nur teilweise bei Jungtieren entwickelt und erlangt erst mit der Zeit seine vollständige Größe. Bei hochgewachsenen Tieren ist das Gehirn erst nach etwa drei Jahren ganz ausgereift. Sie sehen also, auch hier gibt es Unterschiede, welche auf die Fähigkeit zur Impulskontrolle einwirken.

Neben dem Körperbau und dem Alter sollte man auch die Rasse des Hundes beachten. Es gibt Tiere, welche nur zu einem bestimmten Zweck gezüchtet wurden, oder noch werden. Sie unterscheiden sich nicht nur äußerlich, auch wesentlich heben sie sich sehr voneinander ab. Für einige Rassen ist es daher ein Klacks, mit der Impulskontrolle umzugehen, wohingegen andere Hunde temperamentvoller reagieren.

Als viertes und letztes Beispiel sollte man Stress beim Hund nicht vergessen. Befindet sich das Tier in einer Situation, welche er nicht steuern kann, kann es vorkommen, dass er sich nicht zurückhalten kann und somit das Kontrollieren der Impulskontrolle zum Problem wird.

GROSSE ANSTRENGUNG
FÜR DEN HUND

Oft wird vergessen, dass Impulskontrolle für den Hund sehr anstrengend sein kann. Sie werden aber nicht erleben, dass der Vierbeiner ständig auf Sie hört und Ihren Anweisungen Folge leistet, denn irgendwann verlässt ihn die Konzentration. Das Tier hat somit keinen Einfluss mehr auf seine Selbstbeherrschung und reagiert eher impulsiv. Als Beispiel hierfür können Sie sich vorstellen, dass es darum geht, ob er im „Sitz" bleiben soll, wenn Sie ein Leckerli werfen, dieses aber schon seit einiger Zeit mit ihm trainieren, er es dann aber nicht mehr tut. Daher wollen wir Ihnen näherbringen, dass Sie sich auf ein gezieltes Thema, welches Ihnen wichtig ist, konzentrieren, um den Hund nicht zu sehr zu bedrängen.

IMPULSKONTROLLE

SCHAFFUNG DES RICHTIGEN UMFELDS ZUR IMPULSKONTROLLE

Damit der Hund die Fähigkeit der Impulskontrolle benutzen kann, sollten Sie ihm die richtigen Voraussetzungen dafür bieten können. Je unruhiger der Tag ist, desto schwerer fällt es dem Tier, sich zu fokussieren. Der Ablauf sollte also stets so ruhig wie möglich verlaufen.

Wenn Sie dem Hund ein bestimmtes Know-how vermitteln wollen, sollten Sie eine tägliche Routine einführen, damit der Hund gelassen und konzentriert in den Tag starten kann. Wichtig hierbei ist aber, dass Ihr Tier nicht überfordert wird, heißt für Sie, dem Hund die nötigen Pausen zu gewähren. Spielen Sie mit ihm, geben Sie ihm das Gefühl, dass er zu Ihnen gehört, und Sie werden sehen, Ihr Vierbeiner findet auch recht schnell Gefallen daran. Je ruhiger der Tag, desto ruhiger Ihre Fellnase.

ANNIKA HINDRICHS

RICHTIGES TRAINING
ZUM ERLERNEN DER
IMPULSKONTROLLE

Wollen Sie Ihrem Tier die Fähigkeit zur Impulskontrolle antrainieren, vergessen Sie nicht, dass es nicht reicht, es einmal geübt zu haben und schon klappt es. Glauben Sie nicht, dass Ihr Hund, nur weil er bei Ihrer Aufforderung „Sitz" das auch macht, dem Hasen nicht hinterherjagt, auch wenn Sie ihm das mit einem klarem „Nein" oder „Stopp" verbieten. Der Hund muss für jede einzelne Situation gesondert trainiert werden, nur so kann Ihr Vierbeiner die Fähigkeit zur Impulskontrolle erlernen.

Um den Hund nicht zu überfordern, fangen Sie langsam und mit leichten Übungen an und steigern Sie diese langsam. Wichtig hierbei ist auch, dass Sie Ihrem Tier bei Erreichen des gewünschten Ziels auch danken und ihn dafür loben, sei es mit einem Leckerli, Streicheleinheiten oder mit Spielen.

Was Sie auf jeden Fall unterlassen sollten, ist, ihn zu bestrafen. Das würde den Hund verunsichern und er würde in eine Stresssituation verfallen, welche die Fähigkeit zur Impulskontrolle zum Negativen verändern kann.

IMPULSKONTROLLE

BENÖTIGTE VORAUSSETZUNGEN ZUM TRAINIEREN DER IMPULSKONTROLLE

Es gibt keine speziellen Voraussetzungen, um mit dem Hund Impulskontrolle zu trainieren. Jedoch ist es sehr von Bedeutung, dass man seinen Vierbeiner gut kennt und weiß, was er denn gern mag, sei es das Lieblingsspielzeug oder eine Belohnung in Leckerli-Form.

Sehr gut hierbei ist auch, wenn dem Hund die Zusammenarbeit mit Ihnen Spaß macht und er weiß, dass es sich für ihn auszahlt. Seine Aufmerksamkeit wird sich so auf Sie lenken und Sie können mit Freude mit ihm üben.

Auch Sie selbst sollten sich aber einige Fragen stellen, um das Training für Sie und Ihren Hund so leicht und angenehm wie möglich zu gestalten.

Als Erstes ist wichtig, wie Sie die volle Aufmerksamkeit Ihres Hundes erhalten. Hierbei kommt es vor allem auf die Bindung zum Hund an. Diese Bindung muss aufgebaut werden und das ist gar nicht so einfach. Ein Anfang ist jedoch schon getan, wenn der Hund sich bei Ihnen wohlfühlt. Zeigen Sie ihm, wie sehr Sie sich freuen, wenn er etwas richtiggemacht hat, und belohnen Sie ihn für sein Können. Bestrafen Sie ihn nicht, wenn er abgelenkt ist und nicht das macht, was Sie von ihm verlangen. Nur so bauen Sie Vertrauen zu Ihrem Vierbeiner auf. Ein Hund kann wie auch der Mensch nur richtig lernen, wenn er keine Angst hat oder unter Druck steht. Hat der Hund Spaß am Training mit Ihnen, kommen Sie einem erfolgreichen Training ein Stück näher.

Achten Sie auch auf die Körpersprache Ihres Hundes. Diese ist sehr wichtig, denn nicht nur Ihnen, sondern auch Ihrem Tier sollte das Training Spaß bringen. Auch sollten Sie darauf achten, ob er die Übung begriffen hat. Nicht jeder Hund ist gleich. Daher ist es sehr von Bedeutung, die Körpersprache Ihres Tieres in jeder Situation zu verstehen. Deshalb ist ein Kennenlernen der Signale, welche er beim Training abgibt, von großer Wichtigkeit.

Berücksichtigen Sie hierbei die Körperspannung, -haltung und -stellung. Auch sollten Sie die Augen, das Maul, die Rute und die Ohren nicht außer Acht lassen. Ist Ihr Hund eher sensibel, werden Sie bemerken, dass er seine Haltung, sprich, die seines Körpers, sowie seiner Rute verändert, also „einknickt", wenn er überfordert ist. Ist dies passiert, ist der Schwierigkeitsgrad der Übung noch zu schwer und es sollte eine einfachere Übung gewählt werden. Eine richtige Kommunikation

ist ein wichtiger Teil des Trainings, denn viele Hundebesitzer machen den Fehler und unterschätzen die
Wichtigkeit dieser. Ihr Tier muss verstehen können,
was Sie von ihm wollen. Die Lage Ihrer Stimme sowie
die von Ihnen gewählten Signalwörter sollten überlegt
sein, denn es sollten keine Veränderungen nach dem
Antrainieren unternommen werden, damit der Hund
sich auch an diese gewöhnen kann und Ihren Befehlen
und Wünschen Folge leistet. Eine Überlegung Ihrer-
seits sollte sein, ob es richtig ist, Negativ-Wörter oder
Abbruch-Signale wie „Nein" zu verwenden. Es kann
sein, dass Ihr Hund dies noch gar nicht versteht.

Wenn Sie wissen, was Ihr Vierbeiner am liebsten
mag, dann fällt Ihnen sowie Ihrem Gefährten das Erlernen leichter. Ein Tier, welches mit seinem Lieblings-
futter, seinem Lieblingsspielzeug oder gar mit Streicheleinheiten belohnt wird, macht seine Sache mit
mehr Freude. Es gibt eine Vielzahl an Belohnungsfor-
men. Nachfolgend ein paar Ideen, welche Sie wie ein-
setzen können.

Leckerlis beispielsweise Hundekekse oder ge-
trocknete Lunge: Diese sollten aber eher für verfres-
sene Tiere eingesetzt werden. Dem Vierbeiner könnte
sonst schnell langweilig werden. Wurst oder Käse eig-
nen sich auch sehr gut. Diese Köstlichkeiten kommen

eher selten zum Einsatz. Daher ist es für den Hund eine Besonderheit.

Spielzeug eignet sich auch sehr gut, um dem Hund zu zeigen, dass er gute Arbeit geleistet hat. Ist Ihr Weggefährte sehr aktiv und rennt sehr gern, ist der Ball hier eine gute Wahl. Eventuell kann er diesen bereits apportieren. Mag Ihr Vierbeiner ein Kuscheltier sehr gern, kann man mit diesem ein sogenanntes „Fang-Mich-Spiel" betreiben. Sie geben dem Hund sein Tier und rennen ihm hinterher.

Es ist sehr wichtig, den Hund anfangs lieber einmal zu oft zu belohnen, vor allem dann, wenn er die Übungen freiwillig ausführt. Sobald Sie merken, dass Ihr Tier die Belohnung mit der Übung verbindet, können Sie diese langsam absetzen. Es reicht nun aus, ihm nur noch jedes dritte oder vierte Mal ein Leckerli anzubieten. Zum Abschluss sollten Sie ein passendes Signalwort zu der Übung finden, welches hier auch immer verwendet werden muss.

Besonders wichtig ist, den Hund nicht zu unter- oder überfordern. Dieser verliert so schnell den Spaß am Training und ist schnell frustriert. Bei Tieren mit einer niedrigen Frustrationstoleranz werden die Trainingseinheiten schwieriger. Um die Frustrationsgrenze Ihres Hundes zu maximieren, können Sie bereits im

Welpenalter mit einfachen Übungen damit beginnen. Beispielsweise sollten Sie Ihrem Hund nicht immer Aufmerksamkeit schenken, wenn er sie einfordert, oder verlassen Sie auch ohne ihn den Raum. So ist er für kurze Zeit auf sich allein gestellt und lernt, geduldig zu sein.

Sie sehen also, erst wenn Ihr Hund lernt, mit Frustration umzugehen, kann er sich auch die Fähigkeit der Impulskontrolle aneignen.

Übungen zum Erlernen der Impulskontroll- fähigkeit

Es gibt verschiedene Übungen, welche Sie zum Erlernen der Impulskontrollfähigkeit anwenden können. Wichtig hierbei ist, klein anzufangen. Am besten an einem Ort, an dem sich Ihr Vierbeiner wohlfühlt. Nachdem Sie sich sicher sind, dass er es verstanden hat, sollte eine Veränderung vorgenommen werden. Die sogenannte „Generalisierung im Hundetraining" kommt zum Einsatz. Dies bedeutet, dass Ihr Hund nun an unterschiedlichen Orten, in unterschiedlichen Situationen, zu unterschiedlichen Uhrzeiten, mit verschieden starker Ablenkung mit Ihnen zu üben hat. Hier werden Sie sehen, ob Ihr Tier auch an einem anderen Ort seine Übungen ausführen kann. Idealerweise wird Ihr Hund durch Radfahrer oder Fußgänger abgelenkt. Auch zeitlich sollte eine Veränderung stattfinden. Viele Vierbeiner haben mit so einer Umstellung kein Problem, andere jedoch schon. Sie können ihm helfen, indem Sie eine langsame Generalisierung vollziehen. Ein erster Schritt hierbei ist es, den Hund an einem ihm bekannten Ort zu trainieren. Sobald Ihr vierbeiniger Freund die Übung mit Freude gelernt hat, kann ein Ortswechsel vonstattengehen. So wird der Schwierigkeitsgrad gesteigert.

Es gibt verschiedene bewährte Lernmethoden, welche Sie bei Ihrem Hund anwenden können. Da nicht jedes Tier gleich lernt, sollten Sie herausfinden, welche Lerntechniken bei Ihrem Vierbeiner am besten angewendet werden können. Nachfolgend werden Ihnen vier verschiedene Trainingsmöglichkeiten vorgestellt. Hierbei handelt es sich um das sogenannte „Locken", das „Free Shaping" auch „Formen" genannt, das Clickertraining und das Leinenführungstraining.

LOCKEN

Eine der beliebtesten Übungen ist das Trainieren mit Leckerli. Hier wird der Hund mit diesem „gelockt". Nehmen Sie die Belohnung in die Hand und bringen Sie den Hund mit diesem dazu, sich zu einer bestimmten Position zu begeben. Bemerken Sie, dass der Hund die Übung begriffen hat, wiederholen Sie diese ohne Lockmittel. Dadurch wird verhindert, dass sich Ihr Tier nicht auf das „Leckerli" konzentriert, sondern weiß, dass es um den Befehl selbst geht.

Diese Art des Trainings sollte jedoch als Letztes gewählt werden, da der Hund nicht selbst nachdenkt, sondern eher der Hand mit dem „Leckerli" nachjagt.

„FREE SHAPING"

Damit Ihr Vierbeiner gefordert wird, gibt es eine Übungsvariante, bei der Ihr Hund selbstständig das Ziel erreicht. Diese nennt man „Free Shaping" oder auch „Formen". Das Augenmerk bei dieser Übung liegt hierbei nicht auf dieser selbst, der Hund sollte eigenständig den Weg zum Ziel herausfinden. Dadurch wird er dazu aufgefordert, allein nachzudenken. So ist es wahrscheinlicher, dass er das Erlernte verstanden hat und dieses zu einem späteren Zeitpunkt zuverlässig ausüben kann. Begonnen wird damit, den Hund eigenständig denken zu lassen, ohne ihm einen Befehl zu geben. Fixieren Sie einen Punkt, sei es eine offene Kiste, welche Sie vor sich hinstellen, und warten Sie, wie sich der Hund verhält. Geht der Hund in die Richtung des Objekts, können Sie ihm mit einem klaren „Ja" oder anhand einer anderen positiven Reaktion zeigen, dass er auf dem richtigen Weg ist.

Dies sollte so lange geübt werden, bis der Hund eigenständig in der Kiste ist. Dann hat er sein Ziel erreicht – durch selbstständiges Denken und Handeln. Natürlich sollte Ihr Vierbeiner dann belohnt werden, mit einem von ihm gern gemochten „Leckerli" beispielsweise. Damit Ihr Weggefährte diese Übung verinnerlichen kann, wiederholen Sie diese einige Male. Bei dieser Art der Übung benötigen Sie viel Geduld. Lassen Sie Ihren Hund den Weg vorerst allein finden. Sollte er jedoch frustriert wirken, dürfen Sie ihm gern behilflich sein.

Bei einer Lerneinheit sollten Sie beachten, dass diese nicht zu lange dauert. Eine Übungseinheit sollte nicht länger als fünf Minuten stattfinden, dafür kann diese mehrmals am Tag durchgeführt werden. Gewähren Sie Ihrem Vierbeiner dementsprechend auch

Pausen, welche er zum Spielen, Rasten oder Trinken nutzen kann. Versuchen Sie, eine Trainingseinheit nie negativ zu beenden. Misserfolge können zu Frustration führen und es kann sein, dass Ihr Hund demotiviert ist und daher keinen Spaß mehr an der Übung hat. Auch für Sie ist ein positiver Abschluss wichtig. Die Freude auf das nächste Training bleibt.

Jede Übung sollte etwa 3000- bis 5000-mal wiederholt werden, damit diese auch wirklich umgesetzt werden kann. Auch die Signalwörter sollten im Alltag immer wieder benutzt werden. Nur so können Sie sicher sein, dass Ihr Hund auf Sie achtet und das Geforderte umsetzt.

CLICKERTRAINING

Eine beliebte Trainingsmethode ist das „Clickertraining" Diese wird sehr gern angewendet, weil hier dem Hund durch ein Geräusch und eine Belohnung gezeigt wird, dass er etwas richtiggemacht hat. Wollen Sie Ihrem Hund etwas Neues beibringen, müssen Sie auch bei dieser Methode etwas Geduld mitbringen. Das gewünschte Verhalten wird nur durch stetiges Training erreicht werden. Damit diese Art von Training funktioniert, benötigt Ihr Vierbeiner Motivation und

Konzentrationsfähigkeit. Lässt sich Ihr Tier leicht ablenken oder schenkt er Ihnen die erforderliche Aufmerksamkeit? Unter Zwang werden Sie zu keinem positiven Ergebnis kommen. Lernerfolge bleiben aus. Daher lassen Sie Ihren Hund zuerst mit seinem Spielzeug spielen und warten Sie, bis sich Ihr Wegbegleiter wieder dem Training widmet. Es kann sein, dass diese Trainingseinheit verschoben werden muss.

Um mit dem Training beginnen zu können, benötigen Sie zuallererst das dazu erforderliche Arbeitsgerät, und das ist der „Clicker". Dieser ist lediglich eine Weiterentwicklung des uns bekannten Knackfroschs. Ihr Hund wird das Geräusch, das der Clicker verursacht, leicht von anderen Geräuschen unterscheiden können, daher dient es sehr gut als Übungsgerät. Der Clicker ist in jedem Tierbedarfsgeschäft oder im Internet zu kaufen und auch günstig.

Nun zum Training selbst. Zu Beginn sollten Sie für die Übungen einen geeigneten Ort finden. Suchen Sie einen Platz im Freien, denn es ist wichtig, genügend Freiraum für das Clicker-Training zu haben. Versuchen Sie aber, eine nicht so belebte Gegend zu finden, denn andere Hunde oder Spaziergänger sind für das Anfangstraining eher ungeeignet.

Um starten zu können, machen Sie Ihren Vierbeiner mit dem Clicker vertraut. Dies erreichen Sie, wenn Sie diesen mit einer schönen Erfahrung verbinden. Und das ist natürlich das Lieblings-Leckerli Ihres Hundes. Packen Sie also die Belohnung in Ihre Hosentasche und fangen Sie an zu clickern. Also zuerst clickern, dann sofort Leckerli. Dabei sollten Sie Ihren Weggefährten nicht anstarren, die Aktion nicht kommentieren, clickern Sie nicht in seine Richtung und was ganz wichtig ist, die Reihenfolge muss immer dieselbe sein: erst Click, dann die Belohnung.

Um Ihr Tier nicht zu überfordern, machen Sie lieber kurze Trainingseinheiten, dafür aber öfter. Nach mehrmaliger Wiederholung der Übung kann ein Test gestartet werden. Dazu sollte Sie Ihr Vierbeiner nicht ansehen. Wenn er dann auf Ihr Clickern reagiert und mit voller Freude zu Ihnen kommt, hat Ihr Hund die Übung verstanden.

Um Ihren Weggefährten nicht zu irritieren, setzten Sie den Clicker niemals dazu ein, um seine Aufmerksam zu erhalten oder ihn zu sich zu rufen. Ihr Tier hat gelernt, dass es immer eine Belohnung gibt, wenn er Ihrem Clicker folgt. Nun wird das Training Schritt für Schritt gesteigert, bis das Verhalten, welches Sie von Ihrem Vierbeiner erwarten, perfekt umgesetzt wird. Schwierigere Trainingseinheiten sollten auf mehrere Etappen aufgeteilt werden, damit Ihr Hund nicht die Freude am Training verliert.

LEINENFÜHRUNGSTRAINING

Ein Hund, welcher angeleint ist, ist anfangs nie zufrieden damit, denn es schränkt ihn sehr stark ein. Ihm wird seine Freiheit genommen, beispielsweise, wenn er seinem Jagdtrieb nachgehen möchte. Auch setzt es ihn Ängsten aus, denn er kann mit Leine nicht so reagieren wie ohne diese. Auch wird er bei der körperlichen Kommunikation eingeschränkt. Dabei soll die Leine den Hund vor Gefahren schützen und ihm Klarheit und Vertrauen schenken.

Viele Hunde verhalten sich an der Leine oft aggressiv. Sie zerren daran, beißen hinein, wollen einfach nicht damit gehen. Daher ist es wichtig, dass Sie die Ursache für das Verhalten herausfinden.

Nicht nur für den Hund ist das Üben an der Leine anstrengend, auch Sie als Mensch brauchen viel Geduld und Konzentration. Um zu erkennen, was Ihr Tier als Nächstes tun möchte, benötigen Sie ein großes Feingefühl. Schaffen Sie Vertrauen zwischen Ihnen und Ihrem Vierbeiner, was das Gehen mit der Leine betrifft.

Und dieses Vertrauen können Sie mit ein paar einfachen Schritten schaffen. Als Erstes sollte der Hund die Leine als etwas Schönes empfinden. Dies können Sie erreichen, indem Sie ihm diese immer wieder beim Spielen oder Kuscheln für ein paar Sekunden umlegen. Nachdem er sich die Leine nun problemlos umlegen lässt, gehen Sie einige Schritte mit Ihrem Vierbeiner. Wenn Sie merken, dass er an der Leine zerrt, weil er beispielsweise an etwas schnuppert, geben Sie nicht klein bei, sondern bleiben Sie stur und verharren Sie mit straffer Leine. Erst, wenn sich der Zug wieder reduziert, können Sie weitergehen. Er soll merken, dass sein bisheriges Verhalten nicht akzeptiert wird.

Dem Hund muss der Nutzen der Leine verständlich beigebracht werden. Seien Sie dabei selbstbewusst und entscheidungsfreudig. Geben Sie ihm das Gefühl, dass er bei Ihnen sicher ist und er ohne Angst an der Leine mit Ihnen laufen kann. Deshalb ist es sehr wichtig, dass Sie die Oberhand behalten und nicht Ihr Hund Ihnen den Weg vorgibt.

Der Hund soll lernen, dass das Spazierengehen an der Leine ein schönes Ereignis bedeutet. Gehen Sie daher nicht nur in einem Tempo, das heißt, traben Sie nicht nur in einer ständig gleichbleibenden Geschwindigkeit dahin, sondern bauen Sie auch im Wechsel einen schnelleren Laufstil ein. Der Hund darf auch einmal toben und schnüffeln. Wichtig ist, dass man hierbei eine bestimmte Routine entwickelt. So muss Ihr Vierbeiner beispielsweise im Ort ab Ihrem Zuhause locker an der Leine gehen. Sobald die große Wiese erreicht ist, können Sie, nachdem er bereits ein Signalwort erlernt hat, in den Freilauf wechseln. Für den Hund ist jeder Spaziergang schon fast mit einem Abenteuer zu vergleichen, denn er wird hier mit vielen verschiedenen Reizen konfrontiert. Er hat dabei sehr hart zu kämpfen, denn es prasseln gleich drei große Kräfte auf ihn ein: Zum Ersten sein eigener Instinkt, den er hier kontrollieren muss, zum Zweiten seine Wünsche, welche während des Außenkontakts in ihm aufkommen, und zum Dritten wird er mit Ihren erzieherischen Maßnahmen konfrontiert. Der Hund hat tagtäglich und immer wieder mit sich und sinnbildlich mit der Leine zu kämpfen.

Das Zerren an der Leine entsteht aus vielerlei Gründen. Der Mensch empfindet das sehr oft als lästig und anstrengend, weiß aber nicht, warum der Hund das macht. Daher ist es sehr wichtig, zu wissen, warum Ihr Wegbegleiter so reagiert oder warum er immer wieder in dieselbe Richtung will. Dabei muss Ihr Vierbeiner eine Menge Disziplin aufbringen, um sich nicht dem Verbot, bestimmten Spuren zu folgen, zu widersetzen. Ihr Hund wird meist instinktiv handeln, indem er einem interessanten Geruch folgt. Hierbei könnte es sich um eine potenzielle Gefährtin handeln oder als Nahrungsquelle dienen. Versuchen Sie, mit Ihrem Hund zusammenzuarbeiten, auch wenn es momentan etwas anstrengend erscheint.

Wenn Sie Orte meiden, an denen Ihr Hund eine Leine tragen muss oder Sie ihm ein Korrekturhalsband anlegen müssen, werden Sie feststellen, dass Sie damit das Problem des Ziehens nicht lösen können. Eher erweitern Sie das Problem um einen moralischen Konflikt. Sprintet Ihr Hund los, setzt dies riesige Kräfte frei. Ihr Hund kann sich schwer verletzten, sei es an den unteren Atemwegen, an den Wirbeln und an der Halsmuskulatur. Ein passendes Geschirr kann dafür sorgen, dass Ihrem Hund Verletzungen solcher Art erspart bleiben, da sich der Druck auf den Brustbereich verteilt und sich daher nicht wie bei einem Halsband punktuell entlädt.

Zu Anfang des Trainings ist es wichtig, dass Sie einen Ort finden, an dem Sie ungestört üben können. Dabei reicht es, wenn Sie eine ruhige Seitengasse oder eine kleine abgelegene Wiese finden, um die Übungen durchführen zu können. Nun reden Sie mit Ihrem Hund und gehen Sie nach vorn. Wenn Ihr Hund nicht an der Leine zieht, belohnen Sie ihn sofort, damit er weiß, dass er richtig agiert hat. Sollte Ihr Hund wieder an der Leine zerren, gehen Sie in die entgegengesetzte Richtung. Geben Sie das Signalwort „Leine" oder „Fuß". Folgt Ihr Hund Ihrem Befehl, belohnen Sie ihn sofort im Anschluss. Je fortgeschrittener der Trainingsstand, desto länger werden die Strecken sein, die Sie geradeaus gehen können, ohne die Richtung zu wechseln. Nun ist es sehr wichtig, das Signalwort immer wieder einzusetzen, wenn Ihr Vierbeiner locker an der Leine geht. Nur so wird er lernen, dass sein richtiges Handeln, also das „Nicht-an-der-Leine-Zerren" für ihn einen positiven Effekt hat, nämlich die begehrte Belohnung.

Im Anschluss sollten Sie nun mit dem Aufmerksamkeitstraining beginnen. Dies ist ein wichtiger Bestandteil, um den Anforderungen an der Leine gerecht zu werden.

AUFMERKSAMKEITSTRAINING

Der häufigste Ablauf eines Spaziergangs spielt sich meist wie folgt ab: Der Hund läuft voraus, das Herrchen langsam hinterher. Je eigenständiger das Tier wird, umso distanzierter wird der Abstand von Mensch und Tier. Dasselbe kann bei Ihnen auch vorkommen. In dieser Phase leidet Ihr Vierbeiner höchstwahrscheinlich unter einem hohen Grad an hormonellem Größenwahn. Ihr Hund ist so in seine eigene Welt vertieft, dass er Sie als Menschen sowie Ihre Signalwörter nicht mehr wahrnimmt. Es gibt sehr viele verschiedene Gründe, wieso Ihr Wegbegleiter so reagiert. Es trifft aber immer dasselbe ein: Der Hund verdrängt den Menschen.

Eigentlich will er das aber nicht. Sie als sein Herrchen sind das Wichtigste für ihn, weil Sie ihm Geborgenheit, Liebe, Futter, ein Zuhause und die nötige Pflege geben, die er so sehr benötigt. Daher ist er darauf erpicht, dies alles nicht zu verlieren. Leider gibt es in der Natur so viel zu entdecken, dass die Trennungsangst mit dieser Neugier sehr stark konkurriert und diesen Kampf letztendlich auch verliert.

Daher gibt es ein besonderes Training, welches Ihnen dabei helfen kann, dieser Fehlentwicklung

vorzubeugen. Das Verstecktraining soll Ihrem Vierbeiner zeigen, dass es durchaus möglich ist, dass Sie plötzlich nicht mehr da sind, wenn er Ihnen nicht die geforderte Aufmerksamkeit schenkt. Im Folgenden lesen Sie
Schritt für Schritt, wie das Verstecktraining funktioniert.

Zu Anfang ist es auch hier wieder wichtig, dass Sie
einen abgelegenen Ort finden. Ein ruhiges Waldstück
kann hier als idealer Übungsplatz dienen. Sobald Sie
einen geeigneten Platz gefunden haben, gehen Sie wie
jeden Tag ganz normal spazieren. Sobald der Hund
sich zu weit entfernt, verstecken Sie sich hinter einen
Baum oder suchen Sie hinter einem Busch Schutz. Es
kann vorkommen, dass Ihr Vierbeiner erst nach einer
Weile Ihr Verschwinden bemerkt.

Wenn es dann so weit ist, werden Sie feststellen,
dass er nach kurzer Zeit nervös nach Ihnen sucht. Lassen Sie nicht zu viel Zeit vergehen, bis Sie sich Ihrem
Hund wieder zeigen, denn er darf nicht zu sehr in
Angst verfallen. Ihr Versteck können Sie mit einem
verräterischen Rascheln verraten oder kommen Sie
langsam aus Ihrem Unterschlupf hervor. Jetzt ist wichtig, dass Sie Ihren Hund loben. Gehen Sie nun normal
mit ihm spazieren.

Um den Schwierigkeitsgrad des Trainings zu steigern, verändern Sie Ihre Strategie. Verstecken Sie sich einmal zu Beginn und/oder zum Ende des Trainings oder auch einmal gar nicht. Wechseln Sie die Örtlichkeit und holen Sie sich eine Hilfsperson dazu. Damit kann der Hund abgelenkt werden und findet weiterhin Gefallen an diesem Training.

Dieses Versteckspiel hat den Sinn, dass Ihr Hund lernt, Ihnen seine volle Aufmerksamkeit zu schenken. Nicht nur seine Aufmerksamkeit und seine Konzentration werden mit diesem Training gefördert, auch wird hier sein Orientierungssinn gestärkt. Diese Übungen sollen Ihrem Hund nicht nur im Spiel Sicherheit geben, auch im Notfall, beispielsweise, wenn er nicht mehr nach Hause findet, kann Ihr Tier auf das Gelernte zurückgreifen.

Welpentraining – Das erste Jahr

Der Tag, an dem endlich Ihr Welpe einzieht, ist wahrscheinlich für jeden in Ihrer Familie etwas ganz Besonderes. Der Hund wird liebevoll empfangen, es wird gespielt und viel gekuschelt und man erfreut sich seiner Anwesenheit.

Idealerweise wurde Ihr Welpe schon gut auf sein Leben vorbereitet. Er hat bereits einige Erfahrungen gesammelt, beispielsweise ist er ganz normal in einem Haushalt herangewachsen und hat somit die alltäglichen Geräusche kennenlernen dürfen. Sei es das

Klappern des Geschirrs oder das Surren des Staubsaugers oder sei es eine Tür, welche zu laut ins Schloss fällt.

Ein Vorteil ist, wenn Ihr Hund zusammen mit dem Muttertier und den Geschwistern andere Tierarten kennengelernt hat oder anderen Hunden begegnet ist.

Auch sollte Ihr neues Familienmitglied bereits seine erste Impfung erhalten haben sowie einer regelmäßigen Entwurmung unterzogen worden sein.

Damit Ihr kleiner Welpe zu einem liebevollen, folgsamen und souveränen Hund heranwachsen kann, muss bei der Erziehung sowie beim Halten des Tieres sehr viel beachtet werden. Ein gutes und konsequentes Training steht hier im Vordergrund.

Im Anschluss erfahren Sie nun, wie die ersten Lebensmonate des Welpen verlaufen und wie Sie ihm die erste Zeit so angenehm wie möglich machen können.

Der neue Erdenbewohner kommt blind und taub zur Welt. Auch seine Mobilität ist noch sehr eingeschränkt. Es dauert etwa drei Wochen, bis der Welpe seine Umwelt nebst Geruch auch akustisch sowie optisch war nimmt. Je älter der Kleine wird, desto mehr verbessern sich auch seine Sinnesleistungen. Er wird neugierig und erkundet seine Umwelt mit großem Interesse. In dieser ganzen Zeit ist das Muttertier für die

Entwicklungsimpulse Ihres Sprösslings verantwortlich. Für alles andere, wie die medizinische Versorgung, das Reinigen des Aufenthaltsbereichs der Hundefamilie sowie die Futterversorgung, ist der Halter des Tieres zuständig.

Ab dem zweiten Lebensmonat fängt der Hund an, selbstständig zu fressen. Eine Abnabelung von der Mutter findet statt und der Hund gewöhnt sich langsam an den Menschen. Haben Sie Ihren Vierbeiner beispielsweise von einem Züchter oder einer Privatperson gewählt, werden Sie sicherlich die Möglichkeit bekommen, den Kleinen vor der Abholung einige Male zu sehen. So kann er sich an Sie gewöhnen. So wird ihm das spätere Wechseln in Ihre Familie leichter fallen.

Nach Übernahme des Welpen, welche normalerweise spätestens bis Ende des 12. Lebensmonats vonstattengeht, sollten Sie Ihrem neuen Familienmitglied erst einmal Zeit zur Eingewöhnung geben. Meist benötigt Ihr Hund anfangs noch viel Körperkontakt, da das Fehlen der Mutter sowie den Geschwistern zu dieser Zeit noch sehr groß ist.

Meist dauert es etwa eine Woche, bis sich der Hund an die neue Umgebung sowie an die unterschiedlichen Gerüche gewöhnt hat. Nach der Eingewöhnungszeit sollten Sie eine Hundeschule bzw. eine

Welpenspielstunde besuchen. Das Toben mit anderen Hunden ist für seine psychische Entwicklung besonders wichtig. Das Begleiten einer pädagogischen Leitung ist unumgänglich, da durch deren Aufsicht eine Überforderung verhindert werden kann. Dass man Welpen beim Spielen sich selbst überlässt, wird heutzutage nicht mehr praktiziert. Dies kann der Gesundheit schaden und das spätere Sozialverhalten des Hundes beeinflussen.

Nachdem sich Ihr junger Vierbeiner eingelebt hat, können Sie langsam mit dem Umgebungstraining beginnen. Zeigen Sie Ihrem Hund schrittweise, wo er in Zukunft leben wird. Auch die außerhäusliche Umgebung sollte ihm vorgestellt werden. Diese gehört genauso zu seinem Leben dazu, wie das Zuhause selbst. Führen Sie Ihren Hund schrittweise an alle Bereiche heran, welche für ihn in Zukunft relevant sein sollen. Durch das tägliche Spazierengehen lernt er seine Wohnumgebung kennen. Nehmen Sie ihn auch an Ihren Arbeitsplatz mit, wenn dies erlaubt ist, oder marschieren Sie mit ihm zum Bäcker um die Ecke. Auch ist wichtig, dass Ihr Vierbeiner verschiedene Transportmittel kennenlernt. Führen Sie Ihren Hund über verschiedene Oberflächen, damit er ein Gespür für unterschiedliche Bodenflächen bekommt. Geben Sie ihm die

Möglichkeit, dass er verschiedene Geräusche kennenlernt, sei es Straßenlärm oder andere Laute aus der Natur.

In ländlichen Gegenden sollten Sie Ihrem Vierbeiner zuerst die ruhigeren Plätze zeigen, bevor Sie in bevölkerungsreichere Orte wechseln. Wohnen Sie in der Stadt, ist es wichtig, ihm den täglichen Reizen auszusetzen. So kann er sich langsam an die neuen Gegebenheiten gewöhnen.

Damit Ihr Hund ein gutes Sozialverhalten aufbauen kann, ist es wichtig, Ihrem Hund auch andere Menschen vorzustellen. Hierbei muss beachtet werden, dass er diese Begegnungen positiv erlebt. Streicheleinheiten und Spielrunden sind hier von großer Bedeutung. Nur so lernt der Hund, dass es unterschiedliche Arten von Menschen gibt. Sei es der Geruch, die Gangart, das Aussehen oder die Stimme. Sollte einmal eine Notbetreuung benötigt werden, wird Ihr Vierbeiner durch eine Zusammenführung mit anderen Menschen darauf vorbereitet. Auch ein Arztbesuch gestaltet sich durch das Gewöhnen an andere Personen einfacher. So ein Besuch sollte auch im frühen Lebensalter vollzogen werden, damit der Hund sich auch hier an die Gegebenheiten gewöhnt und ein nächster Besuch ohne große Angst vonstattengeht.

Das Zusammentreffen mit Kindern ist auch sehr wichtig. Jedoch dürfen diese niemals allein mit dem Hund gelassen werden. Wenn der Hund aber kein Interesse zeigt, sollte er nicht dazu gezwungen werden.

Da Sie der Mittelpunkt Ihres Hundes sein sollen, ist ein Bindungsaufbau zu Ihnen am wichtigsten. Da Sie sich in allen Bereichen um Ihren Vierbeiner kümmern, sei es, dass Sie dafür sorgen, dass er immer zu fressen hat, Sie ihm seine ganze Liebe und Aufmerksamkeit schenken, und auch für seine Erziehung zuständig sind, sind bereits die besten Voraussetzungen dafür gegeben. Damit der Bindungsaufbau gestärkt werden kann, beginnen Sie in den nächsten Wochen mit dem bereits erwähnten Aufmerksamkeitstraining. Gleichzeitig kann langsam mit dem Grundgehorsamkeitstraining begonnen werden. Hierzu sollten Sie über den Tag verteilt einzelne Signalwörter üben, z. B. „Sitz". Weitere Signalwörter wie „Bleib", „Hier", „Platz", „Nein", „Zurück" sowie das Abbruchsignal, Rückruf oder Spielstopp kommen nach und nach zum täglichen Training hinzu.

Der Hund sollte sich auch an die Leine und das Geschirr gewöhnen. Wie dies vonstattengeht, lesen Sie im Abschnitt „Leinenführungstraining" nach.

Beachten Sie, dass der Hund ein angepasstes Bewegungsangebot benötigt. Bedenken Sie aber, dass der Hund seine Pausen benötigt und er nicht an seine Grenzen gebracht werden darf. Bei Überlastung kann es zu Knochendeformationen kommen. Vermeiden Sie hohe Sprünge und verzichten Sie darauf, zu intensiv mit Ihrem Vierbeiner zu arbeiten.

Um herauszufinden, wie lange eine Trainingszeit bei Ihrem Welpen sein sollte, ist es wichtig, auf die Zeichen Ihres Schützlings zu achten. Die Aufmerksamkeit auf Sie und auf das Training wird nur für ein paar Minuten halten. Auch kann die Fähigkeit zur Aufnahme neuer Dinge früher erreicht werden oder Ihr Welpe hat andere Dinge im Sinn. Der Spieltrieb ist hier noch vielmehr vorhanden. Ihm sollte dieser auch vorerst noch gewährt werden.

Langsam können auch das Leinentraining sowie Impulsübungen in die Spaziergänge integriert werden.

Ist ein kleiner Hund bereits ab dem vierten Lebensmonat in der Pubertät, kommt ein großer Hund erst zwischen der 29. und 32. Lebenswoche in diese. Ausgewachsen sind kleine Hunde zwischen der 25. und 28. Lebenswoche. Die großen Hunde beenden Ihr Wachstum zwischen dem 12. und 15. Lebensmonat. Zuvor sollte ein zu intensives Training nicht stattfinden, denn Knochen und Gelenke können schnell überstrapaziert werden.

Ist Ihr Hund nun ausgewachsen, kann mit dem Intensivtraining begonnen werden. Radsport, Lauftraining und Intervallbeschäftigungen sind ab diesem Zeitpunkt erlaubt. Ihr Hund sollte nun auf ein höheres Leistungsniveau geführt werden.

Wenn Sie sich an all das Geschriebene hier halten, werden Sie mit Ihrem Welpen sehr viel Freude haben. Sie wachsen zusammen und erleben eine wunderschöne Zeit. Sie erleben, wie Ihr Wegbegleiter heranwächst, er immer wieder Neues lernt und sich mehr und mehr auf Sie einlässt. Der richtige Umgang sowie ein liebevolles Zusammenleben ermöglichen Ihnen, dass aus Ihrem kleinen Welpen Ihr Wunschhund fürs Leben wird.

Das Jagdverhalten beim Hund verstehen

Nun haben Sie endlich Ihren Hund zu Hause, Sie sind glücklich, Sie haben schon einige Übungen mit ihm absolviert und denken, alles in bester Ordnung. Ihnen ist aber sicherlich aufgefallen, dass Ihr Vierbeiner immer sehr aufgeregt reagiert, wenn er eine Katze oder einen Vogel sieht, wenn dieser sich gerade bei Ihnen im Garten aufhält.

Vielleicht kommt es auch vor, dass er auf diese Tiere zu rennt, sie jagen möchte, diese aber zum Glück schneller sind und dem Hund die weitere Jagd durch den Gartenzaun untersagt wird. Oder waren Sie schon einmal in der Situation, dass Ihr Vierbeiner beim freien Lauf plötzlich losgesprintet ist, um dem in 200 Meter sitzenden Hasen oder dem fressenden Reh nachzujagen. Ein Zurückhalten Ihres Hundes war in dieser Situation völlig zwecklos, denn wenn Ihren Vierbeiner erst einmal das Jagdfieber gepackt hat, ist jegliche Zurückweisung, sei es mit lautem Rufen, Schreien oder wildem Zurückwinken nutzlos.

Dieses Verhalten kann beim täglichen Spaziergang zum Hürdenlauf werden, denn es ist nicht nur für den Menschen anstrengend, auch der Hund katapultiert sich hierbei in eine Stresssituation. Die Folgen seines Jagdtriebes bringen nicht nur das gejagte Tier, sondern auch ihn selbst und andere Verkehrsteilnehmer in Gefahr. Schließlich kann der Hund auf eine belebte Straße laufen.

Natürlich werden Sie sich fragen, ob jeder Hund einen Jagdtrieb hat. Über diese Möglichkeit denkt man nicht nach, bevor man sich ein Tier ins eigene Heim holt.

Tatsache ist, dass der Instinkt zum Jagen genetisch bedingt ist und dieser zum Urahnen des Hundes zurückzuführen ist: dem Wolf. Der Wolf hat ausschließlich zwecks der Nahrungsaufnahme gejagt, damit dieser seine Familie versorgen konnte. Dies ist heute nicht mehr der Fall, jedoch ist der Impuls zu jagen noch bei vielen Hunderassen tief verankert. Deshalb gibt es Tiere, die wie vom Blitz getroffen lossprinten, wenn Sie ein Wildtier nur riechen. Andere wiederum brauchen Blickkontakt zum Tier. Es gibt aber auch Fellnasen, die auf derartige Gerüche oder Anblicke nicht reagieren.

Inwieweit der Jagdtrieb vorhanden ist, hängt von der Hunderasse selbst ab. Viele Rassen wurden speziell hierfür gezüchtet. Dazu zählt beispielsweise der Dackel, der Terrier, der Weimaraner, der Basset oder der Beagle. Dies waren aber nicht alle. Es gibt noch einige mehr, bei denen der Jagdtrieb bei der Züchtung im Fokus stand. Bei anderen Rassen, wie zum Beispiel dem Boxer, dem Malteser, dem Mops oder dem Golden Retriever wurde diese Eigenschaft beiseitegelegt. Diese Hunde sind heute wirkliche Familienhunde, die durch ihr liebevolles Sozialverhalten auffallen.

Nun weiß man, dass der Jagdtrieb auf das jeweilige Erbgut zurückzuführen ist. Jedoch gibt es noch weitere Faktoren, die diesen Trieb unterstützen.

Ein Hund, der noch nie gejagt hat, rennt plötzlich los und vergisst somit seine gute Erziehung. Dies kommt oft vor, wenn in einer Gruppe von Hunden einen anderen das Jagdfieber befällt. Dies stiftet alle anderen Hunde an. Hier wird eine bestimmte Stimmung auf die anderen Hunde übertragen. Bei uns Menschen würde es Gruppenzwang heißen. Aber nicht nur dieser ist für den plötzlichen Jagdtrieb des Hundes verantwortlich, auch kann eine Veränderung des Sexualverhaltens oder etwaige Hormonschwankungen schuld an dessen Verhalten sein.

Leider ist der Jagdtrieb beim Hund nur schwer kontrollierbar. Das liegt daran, dass bei der Jagd Glückshormone freigesetzt werden. Das alleinige Hinterherrennen reicht oft schon aus, damit der Vierbeiner ein solches Glücksgefühl verspürt, und deshalb wird der Hund nun immer jagen. Da hilft auch kein Schimpfen mehr, denn allein die Glücksgefühle, die dabei entstehen, reichen dem Hund schon als Belohnung aus. Am besten wäre, wenn dieser niemals von diesen Gefühlen erfährt, er also nie zum Jagen kommt. Wenn aber so eine Situation eintrifft, sollte man vorbereitet sein.

ANTIJAGDTRAINING

Da es äußerst schwierig ist, einem Hund mit Jagdtrieb diesen wieder abzugewöhnen, resignieren viele Hundebesitzer und werden vor jedem Spaziergang ängstlicher. Um dieser Angst entgegenzusteuern, greifen viele zu anderen Maßnahmen, damit sie Ihren Vierbeiner im Griff haben. Eine der beliebtesten Mittel ist die sogenannte „Schleppleine". Doch diese ist auf Dauer auch keine befriedigende Lösung. Glücklicherweise können die meisten Hunde lernen, dem Jagdtrieb zu widerstehen.

Wenn Sie also in einer solchen Situation sind, sollten Sie versuchen, dem Hund das Bleiben bei Ihnen schmackhafter zu machen. Lehren Sie ihn, dass es aufregender ist, die Zeit mit Ihnen zu verbringen, als einem anderen Tier hinterherzujagen. Sie können zwar nicht verhindern, dass der Jagdtrieb bei Ihrem Hund komplett ausgeschaltet wird, aber Sie können diesen in eine andere Richtung lenken. Finden Sie unbelebte Gegenstände, denen Ihr Vierbeiner seine ganze

Aufmerksamkeit zukommen lässt. Es muss für ihn so aufregend sein, dass er das Interesse am lebenden Objekt verliert.

Um mit dem Antijagdtraining überhaupt beginnen zu können, ist es sehr wichtig, dass Ihr Vierbeiner die wichtigsten Grundkommandos beherrscht. Diese lauten „Sitz", „Platz", „Bleib", „Bei Fuß" und „Aus". Diese sollte Ihr Hund schon im Welpenalter gelernt haben.

Haben Sie ein etwas älteres Exemplar, ist es aber auch kein Problem, ihm diese wichtigen Kommandos beizubringen. Sollten Sie einen etwas sehr eigenwilligen Vierbeiner haben, wie etwa den Bloodhound, einen afghanischen Windhund oder einen Wolfshund, wird es zwar etwas schwieriger als bei kooperationsbereiteren Hunden, aber nach längerer Zeit des Übens werden Sie merken, dass es auch hier kein Problem des Erlernens gibt.

Auch in diesem Prozess ist es wichtig, Ihren Hund zu belohnen, wenn er gehorsam war, sei es mit Streicheleinheiten, lieben Worten, seinem Lieblingsspielzeug oder einem Leckerli. Der Hund muss spüren, dass auch Sie Freude an diesem Training haben. Setzen Sie die Grundkommandos immer und überall ein, ob in der Wohnung, im Garten oder auf dem Feldweg. Nur so können Sie sichergehen, dass Ihr Hund zu jeder Zeit in der Lage ist, diese wichtigen Kommandos umzusetzen.

Nachdem er diese nun beherrscht, kann mit dem Antijagdtraining begonnen werden. Dieses sollte jedoch umfangreich sein, denn in der Jagdsituation passieren viele Dinge gleichzeitig und dadurch lässt sich der Impuls sehr schwer kontrollieren.

Im Nachfolgenden werden Ihnen einige Hilfestellungen gegeben, um mit dem Jagdverhalten Ihres Hundes besser zurechtzukommen.

Als Erstes sollten Sie Ihren Hund genau beobachten. Hier ist wichtig, dass Sie erkennen, wie er sich vor seinem Jagdtrieb verhält und wann dieser bei ihm ausbricht. Halten Sie fest, welche Position er einnimmt, wenn er seine Beute wahrnimmt, und ab welchem Zeitpunkt er dieser nachsetzt. Finden Sie den richtigen Moment heraus, an dem Sie Ihrem Vierbeiner diesen Impuls nehmen können. Dies können Sie erreichen, indem Sie sein Verhalten bestimmen und ihn dazu bringen, seinen Jagdtrieb zu unterdrücken. Wenn Ihr Hund schon zu weit in diesem Trieb verankert ist, nutzen Sie als Hilfestellung die Schleppleine zur Sicherung. Wichtig ist hierbei aber, auch Alternativen zu den Verhaltensweisen zu trainieren. Versuchen Sie, anfangs in ruhigeren Gegenden zu üben, um einem Wildwechsel aus dem Weg zu gehen und Ihrem Hund die Gelegenheit zu nehmen, in den Jagdmodus überzugehen.

Überfordern Sie Ihren Hund aber nicht, indem Sie ihn einer andauernden Impulskontrolle unterziehen, sondern arbeiten Sie nach und nach an den von Ihnen gewünschten Übungen. Dabei sollte Ihr Hund die nötigen Pausen erhalten und seinem Spieltrieb nachkommen dürfen.

Um herauszufinden, wieso Ihr Hund diesem Trieb so sehr folgt, sollten Sie eine Ursachenbekämpfung durchführen. Machen Sie sich Gedanken darüber, welche Verhaltensauffälligkeiten Ihr Hund im Gesamten hat und mit welchen alltäglichen Situationen Ihr Vierbeiner sonst noch Probleme aufzeigt. Versuchen Sie herauszufinden, welche Vorgeschichte Ihr Tier hat oder unter welchen Bedingungen er vor Ihrer Zeit leben musste. Vielleicht ist es für Ihren Hund eine Art Stressbewältigung, wenn er auf die Jagd geht. Nun sollten Sie versuchen, Ihrem Hund etwas Besseres zu bieten als ein lebendes Objekt. Setzen Sie attraktive Ressourcen beim Spiel ein, die dem Hund dasselbe Glücksgefühl bieten können wie auch die Jagd. Hierzu gibt es einige Übungen, welche Sie mit Ihrem Vierbeiner durchführen können.

Ein Hund, der nicht sehr oft in den Genuss des

Freilaufs kommt, weil er sich nicht sehr gut kontrollieren lässt, braucht einen körperlichen Reiz. Um solchen Tieren auch die Möglichkeit zu geben, sich ausleben zu können, benötigen Sie Alternativen. Gut dafür sind beispielsweise eingezäunte Wiesen, welche Sie aufsuchen können. Auch der Besuch von Hundetreffs ist eine Möglichkeit, Ihrem Vierbeiner den Ausgleich zu geben, den er benötigt. Es gibt auch sportliche Ersatzoptionen, wie zum Beispiel den Hundesport. Beratungsstellen können Ihnen bei der Auswahl solcher helfen, um die richtige Beschäftigung für Ihren Hund zu finden.

Das Anwenden von Ersatzspielen kann Ihnen dabei helfen, die richtige Alternative für Ihren Hund zu finden. Nachfolgend finden Sie ein paar Beispiele, welche Ihnen dabei helfen können.

Diese Spiele sind für Hunde geeignet, welche Ihren Schwerpunkt auf die Riechwahrnehmung legen. Das heißt, Sie setzen hauptsächlich Ihre Nase ein, um das gewünschte Ziel zu erreichen.

Hierzu gibt es beispielsweise das Spiel „Mäusejagd". Dazu stecken Sie in ein von Ihnen zuvor gefundenes oder selbst gebasteltes Mauseloch ein Leckerli. Ihr Hund darf Ihnen gern dabei zusehen. Legen Sie es so weit hinein, dass Ihr Hund es nicht gleich erreichen kann. Nun befehlen Sie Ihrem Hund mit einem Such-signal, sich das Leckerli zu holen. Motivieren Sie ihn, dass er sich anhand seiner Pfoten den Weg zur Beloh-nung frei gräbt. Hat er dies getan, zeigen Sie ihm an-hand Streicheleinheiten oder eines weiteren Leckerlis, dass er alles richtiggemacht hat.

Eine weitere Übung nennt sich „Fährtenarbeit". Bei dieser wird ein Leckerli an einem Seil festgebunden und hinter sich hergezogen. Am Ende der Fährte wird das Leckerli abgelegt. Ihr Hund und Sie laufen nun ge-meinsam den Weg zur Fährte, wobei Ihr Tier immer ein Stück vor Ihnen hergeht. Hat er das Leckerli er-reicht, darf er es verspeisen. Wiederholen Sie die Übung. Um diese etwas zu erschweren, lassen Sie beim Auslegen der Fährte bei kurzer, gerader Strecke das Le-ckerli am Seil auf dem Boden hüpfen. Um den Schwie-rigkeitsgrad noch etwas zu erhöhen, machen Sie die Übung noch einmal. Jetzt jedoch verlängern Sie die Distanz und gehen ein paar Kurven.

Auch das sogenannte „Suchtraining" kann als Al-ternative eingesetzt werden. Hierbei gehen Sie mit Ih-rem Hund wie üblich an der Leine spazieren. Wäh-renddessen verstecken Sie einen beliebten Gegenstand oder lassen Sie ebendiesen fallen. Ihr Vierbeiner sollte Sie aber hierbei nicht sehen. Nun gehen Sie mit Ihrem

Tier an dem Gegenstand vorbei. Wenn Ihr Hund diesen entdeckt, belohnen Sie ihn. Überlegen Sie sich für dieses Vorgehen ein Signal. Um die Schwierigkeit zu erhöhen, suchen Sie nach einem abgelegenen Ort, an dem die Übersicht erschwert wird. Suchen Sie verschiedene Verstecke, damit Ihr Hund den Gegenstand nicht so leicht entdeckt.

Auch gibt es noch allerlei anderer Übungen, die Sie mit Ihrem Vierbeiner durchführen können. Dabei werden die Sinne trainiert, das richtige Verhalten und die Koordination. Auch wird versucht, seine Aufmerksamkeit im Einzelnen zu trainieren. Gegebenenfalls werden Sie aber zuallererst herausfinden müssen, welcher Trainingsstil und welche Übung zu Ihrem Vierbeiner passt. Nachfolgend erfahren Sie, welche Übungen Sie bei Ihrem Vierbeiner anwenden können, um den Jagdtrieb zu unterdrücken, beziehungsweise den Hund davon abzulenken, diesen zu entdecken.

Es ist sehr wichtig, dass Ihr Hund immer zuerst Kontakt mit Ihnen aufnimmt, bevor ein Spiel beziehungsweise eine Übung beginnt. Augenkontakt ist das „A" und „O", denn nur so können Sie sicher sein, dass Sie die volle Aufmerksamkeit Ihres Hundes bekommen. Das sollte beim Ballspiel besonders beachtet werden. Er soll sich auf Sie konzentrieren und Ihnen in die

Augen sehen. Nun ist es von großer Wichtigkeit, ihm das Signalwort „Bleib" zu geben, bevor Sie den Ball werfen. Sieht der Hund Sie immer noch an, können Sie den Ball in eine bestimmte Richtung schmeißen. Erst einmal mit kurzem Abstand. Wenn er immer noch sitzen bleibt und Sie immer noch ansieht, belohnen Sie ihn. Nun können Sie ihm den Befehl „Geh" oder „Los" geben. Er darf den Ball nun holen. Bei jeder Wiederholung werfen Sie den Ball immer weiter und Sie werden bemerken, dass er nicht einfach losrennt, sondern auf Ihre Befehle wartet.

Bauen Sie diese Übung in Ihren Alltag ein, so lernt Ihr Hund auch in anderen Situationen, ruhig zu bleiben und seinen Trieben nicht mehr zu folgen. Sei es, wenn Sie ihm das Futter bringen oder Sie Besuch bekommen.

Um Ihrem Vierbeiner Grenzen zu setzen, wenn er wieder einmal seinen Jagdtrieb ausleben möchte, setzen Sie doch ein beliebtes Utensil ein: die Schleppleine. Diese Leine hilft Ihnen sehr, die Aufmerksamkeit Ihres Vierbeiners zu erhaschen. Dies muss jedoch geschehen, bevor er in die Leine springt. Er muss Sie unbedingt ansehen, bevor die Leine auf Spannung ist. Ist dies geschehen, loben Sie ihn.

Eine Wiederholung dieser Übung ist enorm wichtig, denn nur so lernt Ihr Vierbeiner seinen

Handlungsspielraum kennen. Er hat es dann verstanden, wenn er von allein den Radius einhält. Um Ihren Hund bei Laune zu halten, geben Sie ihm als Belohnung immer das, was er am liebsten mag. Sei es, eine Runde zu spielen oder sein Lieblings-Leckerli. Es ist sehr wichtig, dass Sie sich auch etwas trauen. Seien Sie mutig und achten Sie dabei nicht auf das, was andere Leute denken. Sie müssen für Ihren Vierbeiner wichtiger sein als ein Wildtier, welches ein paar Meter vor Ihnen umherspringt.

Damit Ihrem Hund bei den täglichen Spaziergängen nicht langweilig wird, ist es wichtig, ihm einen Job zu geben. So kann er keine Fährte aufnehmen, sondern konzentriert sich auf etwas ganz anderes.

Geben Sie ihm verschiedene Dinge, welche er im Maul tragen kann. Sei es das eigene Spielzeug oder die eigene Leine. Ein Schlitten oder ein Bollerwagen lassen sich auch gut von Ihrem Vierbeiner mit einem dafür ausgelegten Zuggeschirr ziehen.

Einen jagdlich motivierten Hund können Sie leider nicht umpolen, jedoch können Sie dafür sorgen, dass er den Drang des Jagens unterdrückt, und sein Verlangen in eine andere Richtung lenken. Erfreuen Sie sich an der Zukunft, denn Sie werden nun sehr viel Zeit mit Ihrem neuen Familienmitglied verbringen.

Der Erfolg, nach-
dem Sie das Buch
gelesen haben

Wenn Sie nun am Ende dieses Buches an-
gekommen sind, werden Sie wahrscheinlich kein Meister im Erziehen und
Verstehen Ihres Hundes sein, jedoch konnten hier sicherlich einige Fragen beantwortet und Ihnen die Augen geöffnet werden.

Vielleicht waren Sie vor dem Kauf des Buches schon so weit, aufzugeben und den Kopf in den Sand zu stecken. Sie haben sich aller Voraussicht nach gefragt, warum Ihr neues Familienmitglied Ihren Anweisungen nicht Folge leistet oder warum er in verschiedenen Situationen nicht so reagiert, wie Sie sich das wünschen.

Das Buch ist so aufgebaut, dass Sie nach und nach Verständnis für Ihren Vierbeiner aufbauen. Ob Sie schon einen Hund besitzen oder Sie vorhaben, sich einen nach Hause zu holen, es kann Ihnen behilflich sein.

Natürlich können Sie den Weg des geringsten Widerstands wählen und die Probleme, welche Sie mit Ihrem neuen Weggefährten haben akzeptieren, oder Sie halten sich an dieses Buch, setzen die Tipps und Trainingseinheiten um und Sie werden nach kurzer Zeit schon eine große Veränderung bemerken. Sehen Sie die Übungen, welche hier aufgelistet sind, nicht als Pflicht, sondern erfreuen Sie sich jeden Tag an einem gemeinsamen Übungserfolg.

Bezeichnen Sie Ihre Übungen nicht als „Training", sondern versuchen Sie, diese so ganz nebenbei einfließen zu lassen. Sie werden sehen, dadurch werden Sie lockerer und übertragen so Ihre Gefühlslage auf Ihren Hund.

Sicherlich werden Sie sich einen gut erzogenen

Hund wünschen. Versuchen Sie aber niemals, ein perfektes Tier aus diesem machen zu wollen. Dies wird Ihnen niemals gelingen, denn jeder Hund ist einfach zu facettenreich und individuell.

Es gibt leider kein Erfolgsversprechen, wenn Sie all das Geschriebene genauso umsetzen, jedoch sollte es bei der Lösung von etwaigen Problemen helfen. Auch wird sich bei richtiger Handhabung ein Miteinander einstellen, es schweißt Sie und Ihren Vierbeiner noch enger zusammen und für die Zukunft werden Sie merken, dass Ihr Hund näher auf Sie eingeht. Er wird Ihnen zuhören und gern die Welt mit Ihnen erkunden.

Für die nächsten Jahre haben Sie das Glück, einen wunderbaren Wegbegleiter zu haben. Geben Sie nie auf, denn Ihr Hund wird es Ihnen für immer danken. Er weiß es nicht besser. Nur durch Ihre Hilfe kann er lernen, richtig zu leben.

Herstellung und Verlag:
BoD – Books on Demand, Norderstedt
ISBN: 9783755738848

Kontakt: Psiana eCom UG/ Berumer Str. 44/ 26844 Jemgum
Covergestaltung: Fenna Larsson
Coverfoto: depositphotos.com